LIFE FOR EACH

Daisy Zamora

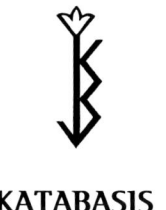

KATABASIS

BY DAISY ZAMORA

Poetry:
La violenta espuma
(Ministry of Culture, Managua 1981).
En limpio se escribe la vida
(Editorial Nueva Nicaragua, Managua 1988).

Edited:
Hacia una política cultural de la Revolución popular sandinista
(Ministry of Culture, Managua 1982)
La mujer nicaragüense en la poesía
(Anthology of poetry by Nicaraguan women with Daisy Zamora's substantial introduction and notes:
Editorial Nueva Nicaragua, Managua 1992).

Life for Each
contains a selection by the translator of poems from *En limpio se escribe la vida* and from the author's typescript of her next collection, *A cada quién la vida*.

LIFE FOR EACH

Daisy Zamora

Bilingual text translated by Dinah Livingstone

Copyright: Daisy Zamora 1994
Translation copyright: Dinah Livingstone 1994
First published 1994 by KATABASIS
10 St Martins Close, London NW1 0HR (071 485 3830)
Cover illustration: Tony Capellán
Cover Design: Carol Brickley,
Boldface, Clerkenwell, London (071 253 2014)
Disc output to Laser: Daisywheel, Merseyside (051 630 2657)
Printed by SRP, Exeter (0296 29271)

Trade Distribution:
Password Books
23 New Mount Street
Manchester M4 4DE
(061 953 4009)

ISBN: 0 904872 22 X
British Library Cataloguing-in-Publication Data:
A catalogue record for this book is available
from the British Library.

Contents

I   I am the Other Women:

La Costurera/The Seamstress	2
Mi prima Mercedes/My Cousin Mercedes	4
Blanca Aráuz 6	
La Mesera/The Waitress	8
Muchacha con sombrilla/Girl with Umbrella	10
Marina/Beach Girls	12
Noticia en el supermecado/News in the Supermarket	14

II   Life for Each:

A cada quién la vida/Life for Each	16
Celebración del cuerpo/Celebration of the Body	18
El rayo de sol/The Sunbeam	20
Visión de tu cuerpo/Vision of your Body	22
Preñez/Pregnancy	24
Al parto/In Labour	26
Arrurú para una muerta recién nacida/	
Lullaby for a Newborn Girl who Died	28
Sin respuestas/No Answer	30
Día de las madres/Mothers' Day	32

III   Loved Voices:

Voces amadas/Loved Voices	34
Aguacero/Downpour	36
Otro tiempo/Another Time	38
Vuelvo a ser yo misma/I Become Myself Again	40
¡Salud, viejo!/Cheers, Old Man!	42
Divisar la muerte/Discerning Death	44
Muerte extranjera/Death Abroad	46

IV Revolutionary Voices:

Y maldije la luna/And I Cursed the Moon	48
Radio Sandino 50	
El vende periódicos/The Paper Seller	52
Reportaje de la protesta frente a la embajada de Estados Unidos por las maniobras de Pino Grande/ Report of the Protest outside the United States Embassy against the Big Pine Manoeuvres	56
El vendedor de cocos/The Coconut Seller	60
Familiares de víctimas de la CIA protestan ante embajada de Estados Unidos/ Families of CIA Victims Protest outside the United States Embassy	64

BLANCA ARÁUZ WITH HER HUSBAND SANDINO

1

Yo soy las otras mujeres

―――――――――― ♀ ――――――――――

LA COSTURERA

Toda mi vida sobre una Singer 15—30
y en las noches soñando pespuntes,
jaretas, hilvanes,
mangas, vuelos, paletones.
Ni tiempo tuve para hombres,
siempre cansada y con dolor en la columna.

Yo que era una chavala tan alegre,
la hija mayor, la preferida de mi padre.
Después que me arruinó tu papá
ya no tuve juventud,
 sólo trabajo y más trabajo.

Te di vida, hijo,
pero yo no he tenido vida,
y ya ni sé cómo hubiera sido
de haber sido yo misma.

1

I Am the Other Women

THE SEAMSTRESS

All my life at a Singer 15—30
and at night dreaming of backstitching,
tacking, gathering,
sleeves, ruffles, pleats.
I did not even have time for men,
my back ached and I was always tired.

I had been so happy as a girl,
the eldest daughter, my father's favourite.
After your father ruined me
I had no more youth,
only work and more work.

My son, I gave you life,
but I have had no life, and now
I don't know what it would have been like
to have been myself.

MI PRIMA MERCEDES

Aquella primera carta que le escribí
fue como guardar una brasa en mi bolsillo.
Cada vez que la encontraba
quería dársela,
pero yo temblaba y enmudecía.
Y mi mano, entumida y húmeda
palpaba la carta.

Después de leerla y releerla
decidí romperla y escribí otra
más moderada
pero también corrió la misma suerte.
Luego escribí muchas otras
que ni siquiera supo que hubieran sido escritas
y jamás se las entregué.
Y otras, que ya nunca pude escribir
ni podré.

Mi amor por aquella muchacha del pueblo
morena y algo gordita
               era un tesoro
que no me atrevía a confiar ni a ella,
a María de las Mercedes Sandino,
como se llamaba mi prima.

MY COUSIN MERCEDES

That first letter I wrote to her
was like keeping a red hot coal in my pocket.
Every time I met her
I wanted to give it to her,
but I trembled and could not speak.
And my stiff, sweaty hand
clutched the letter.

After reading and re-reading it
I decided to tear it up and wrote another
more restrained
but the same thing happened to that one.
Then I wrote many more
which she did not even know had been written
and I never gave her any of them.
And others which I was not even able to write
and never shall.

My love for that young woman of the people
who was dark and a bit plump
               was a treasure
I dared not entrust even to her,
María de las Mercedes Sandino,
as my cousin was called.

BLANCA ARÁUZ

La conocí al comenzar la guerra,
intimé con ella
y tomando café y platicando por la tarde
y a veces toda la noche
                hasta el alba
nos dimos cuenta que pensábamos igual.

Un sólo cuerpo. Un mismo pensamiento.
        Éramos como dos lámparas
— además de la lámpara Coleman
que alumbraba las tablas encaladas del telégrafo —
aunque no estuviéramos juntos,
aunque pasáramos cinco años separados,
ella en San Rafael, yo en estas montañas.

Dos luces buscándose, haciéndose señas
                llamándose
a través de pantanos, a través de la noche
              y los árboles
para iluminarse uno con el otro.

BLANCA ARÁUZ

I met her at the beginning of the war,
I got to know her
drinking coffee and chatting through the afternoon
and sometimes all night
                  till daybreak
we became aware that we thought the same.

A single body. Single-minded.
      We were like two lanterns
— as well as the Coleman lantern
which lit the whitewashed planks of the telegraph office —
even though we were not together,
even though we spent five years apart,
she in San Rafael, I in these mountains.

Two beams searching, signalling,
            calling each other
across swamps, through night
           and trees
each seeking the other's brightness.

LA MESERA

Con delantal y uniforme
como las otras
pasa todo el día atendiendo órdenes:
'Dos cervezas, un coctel de camarones;
la malteada de chocolate
      un banana split
           un arcoiris.'

De un extremo a otro de la barra
sirve agua, pica hielo,
prepara dos vasos de té al mismo tiempo.
Abre el congelador, saca el helado,
mezcla leche, destapa cervezas,
arregla el coctel, tira las tapas al suelo,
coloca todo sobre la barra y sirve.

Parece igual a las otras
pero es distinta:
      resplandece
Cuando el novio atisba
tras la puerta de vidrio
         de la cafetería.

THE WAITRESS

With apron and uniform
like the others
she spends the whole day taking orders:
'Two beers, a prawn cocktail;
a chocolate malt
      a banana split
           a rainbow.'

From one end of the bar to the other
she pours water, hacks ice,
makes two glasses of tea at once.
She goes to the freezer, takes out the ice cream,
mixes milk, opens bottles of beer,
she fixes cocktails, sweeps the bottle caps onto the floor,
sets everything on the bar and serves it.

She seems the same as the others
but she is different:
When her lover peeps
through the glass door
      of the cafe
           she shines.

MUCHACHA CON SOMBRILLA

De overol amarillo
cruza la calle —
las grandes nalgas al ritmo
de su paso.

La sudorosa espalda
bajo su blusa roja
y el gran girasol
de su sombrilla.

GIRL WITH UMBRELLA

In her yellow overall
she crosses the street —
her big buttocks sway
to the rhythm of her walk.

Her sweaty back
under her red blouse
and the great sunflower
of her umbrella.

MARINA

Las muchachas
bocas demasiado rojas,
ojos presos en círculos
demasiado negros.

Oscuras ellas como anguilas
contrastan violentamente
con sus trajes de baño.
Andan de week-end
con unos viejos funcionarios internacionales
que beben whisky
y pagan su compañia con ropas y baratijas.
Ellos generosamente las obsequian
con su más tierna halitosis
y sus impotentes taquicardias.

Cardumen de sirenas o sardinas
lanzan las olas: guirnaldas y espuma.
Y brincan brincando mejor en la playa ardiente
que en las camas otoñales.

BEACH GIRLS

The girls
with mouths too red,
and eyeliner
too black.

They are brown as eels
contrasting sharply
with their swimsuits.
They are weekending
with some elderly international businessmen
who drink whisky
and pay for their company with clothes and trinkets.
Generously presented
with their tenderest halitosis
and impotent tachycardias.

Shoal of mermaids or sardines
tossed on the waves: wreaths and foam.
And they gambol better on the burning sand
than in the autumnal beds.

NOTICIA EN EL SUPERMERCADO

Entre las verduras oigo sus discusiones:
Hablan del supervisor, reniegan de los turnos,
de si la fulanita no llegó a tiempo,
del mísero sueldo que para nada alcanza.

Hoy temprano hubo un accidente
en la carretera frente a mi casa.
Acababa de bajarse del bus una muchacha
y una camioneta la mató
cuando intentaba cruzarse al otro lado.
Un gentío rodeaba su cadáver
y algunos comentaban conmovidos
que no parecía tener más de dieciocho años.

De repente cesa la habladera.
Alguien dio la noticia
que se regó como un temblor oscuro y sordo
por el supermercado.

¿Cómo decirle a doña Mariana que su única hija
que tanto le costó,
que apenas iba a matricularse en la universidad,
y se despidió tan contenta esta mañana,
yace en media carretera con el cráneo destrozado
mientras ella despacha muy amable la carne a los clientes?

NEWS IN THE SUPERMARKET

I hear them gossiping among the vegetables:
they are talking about their supervisor,
grumbling about their shifts, so and so was late
and their rotten wages that don't go anywhere.

Early this morning there was an accident
on the road in front of my house.
A girl stepped off the bus
and a lorry killed her
as she was trying to cross to the other side.
A crowd gathered round her body
and some remarked painfully
that she seemed no more than eighteen.

Suddenly the gossip stops.
Someone has brought the news
which runs through the supermarket
like a muffled tremor.

How to tell Doña Mariana that her only daughter
for whom she has struggled so hard,
who was just about to start at university,
who was so happy when she said goodbye that morning,
is lying in the middle of the road with a smashed skull
while she is amiably serving customers with meat.

II

A cada quién la vida

―――― ⸹ ――――

A CADA QUIÉN LA VIDA

A cada quién la vida extrae un rostro.

No hablo de pómulos,
de narices rectas, ni de cejas, ni de ojos,
ni de arrugas en la frente
ni de mejillas y párpados
colgantes
      sino de aquello inocultable
o irreparable por cirugías o afeites.

Hablo de la miseria y el horror
de la mezquindad y el gozo,
de la crueldad o la conmiseración
que vislumbramos — no sabemos cuándo —
en el rostro del otro
que sorpresivamente es nuestro rostro.

II

Life for Each

―― § ――

LIFE FOR EACH

Life for each forms a face.

I am not speaking of bone structure,
classic nostrils, brows or eyes.
Or of wrinkles on the forehead,
or drooping cheeks
and eyelids
　　　　but of that face which cannot be hidden
or altered by shaving or surgery.

I speak of the misery and horror
the meanness, the pleasure,
the cruelty or the kindness
we glimpse — we don't know when —
in someone else's face
and discover we are looking at our own.

CELEBRACIÓN DEL CUERPO

Amo este cuerpo mío que ha vivido la vida,
su contorno de ánfora, su suavidad de agua,
el borbotón de cabellos que corona mi cráneo,
la copa de cristal del rostro, su delicada base
que asciende pulcra desde hombros y clavículas.

Amo mi espalda pringada de luceros apagados,
mis colinas translúcidas, manantiales del pecho
que dan el primer sustento de la especie.
Salientes del costillar, móvil cintura,
vasija colmada y tibia de mi vientre.

Amo la curva lunar de mis caderas
modeladas por alternas gestaciones,
la vasta redondez de ola de mis glúteos;
y mis piernas y pies, cimiento y sostén del templo.

Amo el puñado de pétalos oscuros, el oculto vellón
que guarda el misterioso umbral del paraíso,
la húmeda oquedad donde la sangre fluye
y brota el agua viva.

Este cuerpo mío doliente que se enferma
que supura, que tose, que transpira,
secreta humores y heces y saliva,
y se fatiga, se agota, se marchita.

Cuerpo vivo, eslabón que asegura
la cadena infinita de cuerpos sucesivos.
Amo este cuerpo hecho con el lodo más puro:
semilla, raíz, savia, flor y fruto.

CELEBRATION OF THE BODY

I love this body of mine that has lived a life,
its amphora contour soft as water,
my hair gushing out of my skull,
my face a glass goblet on its delicate stem
rising with grace from shoulders and collarbone.

I love my back studded with ancient stars,
the bright mounds of my breasts,
fountains of milk, our species' first food,
my protruding ribcage, my yielding waist,
my belly's fullness and warmth.

I love the lunar curve of my hips
shaped by various gestations,
the great curling wave of my buttocks,
my legs and feet, on which the temple stands.

I love my bunch of dark petals and secret fur
keeper of heaven's mysterious gate,
to the damp hollow from which blood flows
and the water of life.

This body of mine that can hurt and get ill,
that oozes, coughs, sweats,
secretes humours, faeces, saliva,
grows tired, old and worn out.

Living body, one solid link to secure
the unending chain of bodies.
I love this body made of pure earth,
seed, root, sap, flower and fruit.

EL RAYO DE SOL

¡Cómo envidio ese rayo de sol
que se posa en tu espalda
sin interrumpirte el sueño!

Tu piel, al toque de la luz
dorada, resplandece
en la penumbra y humedad
    de esta mañana.

THE SUNBEAM

How I envy that sunbeam
stroking your back
without disturbing your sleep!

Touched by its light
your skin shines golden
out of the gloom
      of this damp morning.

VISIÓN DE TU CUERPO

En la habitación apenas iluminada
tuve una dicha fugaz:
la visión de tu cuerpo desnudo
como un dios yacente.
Eso fue todo.

Indiferente
te levantaste a buscar tus ropas
con naturalidad
mientras yo temblaba estremecida
como la tierra cuando la parte el rayo.

VISION OF YOUR BODY

In the dimly lit room
I had a brief glimpse of bliss:
sight of your naked body
like a god reclining.
That was all.

Quite unaware
you got up to get your clothes
just naturally
while I shuddered
like the earth split open by lightning.

PREÑEZ

Esta inesperada redondez,
      este perder mi cintura de ánfora
      y hacerme tinaja,
      es regresar al barro, al sol, al aguacero
      y entender cómo germina la semilla
      en la humedad caliente de mi tierra.

PREGNANCY

This unexpected roundness,
    losing my amphora waist
    to become water jar,
    means returning to earth, sun and rain
    and understanding how the seeds sprout
    in my land's moist warmth.

AL PARTO

Desperté con aquellos espasmos.
Desde mi vientre llamaban hacia afuera.
Sólo el dolor iba expandiéndose y replegándose
como un oleaje cada vez más agitado.

Me levanté ya con torpeza
abarcando con mis brazos el océano;
sosteniendo, abrazando aquel inmenso corazón
convulso y expectante
        hasta alcanzar la ducha matinal
porque ya rompían las aguas: la fuente.
Se dejaba venir el torrente incontenible de la vida.

Pero ya frente al espejo
al peinarme el pelo
empapado, chorreándome sobre las clavículas,
vi mis ojos inmersos en pura transparencia,
su verde translúcido de iris resplandeciente
sobre las ojeras, los altos pómulos, la frente comba,
como si tras la piel, mi propio cráneo
me enfrentara con el rostro de la muerte.

IN LABOUR

I awoke with those spasms.
From my belly they were calling towards outside.
The pain was all, advancing, retreating
like a great wave growing fiercer and fiercer.

I stood up heavily
and opened my arms to the ocean;
embracing, holding on
to that huge heart's expectant upheaval.
      I had my morning shower
because now the waters were breaking, the floodtide
of life there was no controlling.

I looked in the mirror and combed my hair,
soaking wet, pouring over my shoulders.
I saw my eyes sunk in pure transparency,
the translucent green iris glittering
onto the bruised dark sockets,
my high cheek bones, my curving forehead,
as if behind my skin, my own skull
were looking out at me with the face of death.

ARRURÚ PARA UNA MUERTA RECIÉN NACIDA

¿Cómo hubiera sido tu sonrisa?
¿Qué habrías aprendido a decir primero?
¡Tanta esperanza para nada!
Tuve que secar mis pechos
que te esperaban.

Una fotografía apresurada
insinúa tu limpio perfil,
la breve boca.
Pero no puedo recordar cómo eras,
cómo habrías sido.

Tan viva te sentí, dándote vueltas
protegida en mi vientre.
Ahora me despierto estremecida
en medio de la noche
— hueco el vientre —
y me aferro a un impreciso primer llanto
que escuché anestesiada
en el quirófano.

LULLABY FOR A NEWBORN GIRL WHO DIED

What would your smile have been like?
What would you have learnt to say first?
So much hope all for nothing!
I had to dry up my breasts
which were waiting for you.

A hasty photo
suggests your clear profile,
your short mouth.
But I cannot remember how you were,
how you might have been.

I felt you so alive, somersaulting,
safe in my womb.
Now I wake up trembling
in the middle of the night
— with a hollow belly —
and I hang on to a vague first cry
which I half heard, anaesthetised
in the operating theatre.

SIN RESPUESTAS

No puedo negarlo.
Yo esperaba sonrisas y felicitaciones
y ni siquiera tu padre se atrevió a decírmelo.
Su rostro desmentía sus palabras
y habían demasiadas miradas en el ambiente.

Pero vos, ajeno a todo eso
llorabas — igualándote en el llanto
a las demás criaturas.

Y cuando al fin pude verte,
cuando sabida de todo
nos pusieron uno frente al otro
y tus nudillos diminutos, pálidos a fuerza
de atenazarme,
se aferraron a mi dedo,
supe cómo eras,
cómo realmente serías.

Desde entonces
no cesamos de aprender uno del otro
peregrinando juntos: engorrosos exámenes,
diagnósticos, pronósticos
cirugías, medicamentos, terapias
etcétera, etcétera...

(Tus hermanos no comprenden tu fobia al alcohol,
jeringas y gabachas blancas.)
Ansiosos tus ojos
me interrogan en la oscuridad del cuarto de hospital
y yo, sin respuestas, sólo puedo abrazarte.

NO ANSWER

I cannot deny it.
I expected smiles and congratulations
and not even your father dared tell me.
His face belied his words
and there were too many staring faces round me.

But you — apart from all this,
were howling, equal at least
in your crying to any other creature.

And when at last they let me see you,
when, knowing everything,
I saw you face to face
and your tiny knuckles, pale
with the effort of gripping,
clutched my finger,
I knew how you were
how you would really be.

From then on
we have not ceased learning from each other,
in our pilgrimages together, vexatious examinations,
diagnoses, prognoses
surgeries, medicines, therapies
etcetera, etcetera...

(Your siblings do not understand your phobia
of alcohol, syringes and white coats.)
Your anxious eyes
question me in the dim hospital ward
and I can only hug you with no answer.

DÍA DE LAS MADRES

A mis hijos

No dudo que les hubiera gustado tener
una linda mamá de anuncio comercial:
      con marido adorable y niños felices.
Siempre aparece risueña — y si algún día llora
lo hace una vez apagados reflectores y cámaras
y con el rostro limpio de maquillaje.

Pero ya que nacieron de mí, debo decirles:
Desde que era pequeña como ustedes
ansiaba ser yo misma — y para una mujer eso es difícil.
(Hasta mi Angel Guardián renunció a cuidarme
cuando lo supo.)

No puedo asegurarles que conozco bien el rumbo.
Muchas veces me equivoco,
y mi vida más bien ha sido como una dolorosa travesía
vadeando escollos, sorteando tempestades,
desoyendo fantasmales sirenas que me invitan al pasado,
sin brújula ni bitácora adecuadas
que me indiquen la ruta.

Pero avanzo, avanzo aferrada a la esperanza
de algún puerto lejano
al que ustedes, hijos míos, estoy segura,
arribarán una mañana —
después de consumado
mi naufragio.

MOTHERS' DAY

To My Children

I have no doubt you would have liked to have
a lovely mother like in the adverts:
      with an adorable husband and happy children.
She is always cheerful — and if one day she weeps
she does it away from the spotlights and cameras
and her face clean of make-up.

But since you were born of me, I have to tell you:
Ever since I was small like you
I yearned to be myself — and for a woman this is difficult.
(Even my Guardian Angel gave up looking after me
when he heard about it.)

I cannot assure you I know where I am going.
I often make mistakes,
and my life has been a painful voyage
avoiding reefs, negotiating storms
ignoring siren voices luring me back to the past
with no proper map or compass
to show me the way.

But I go on, I go on clinging to the hope
of some far-off port
where you, my children, I'm sure,
will sail in one morning —
after my shipwreck.

III

Voces Amadas

─────── ♥ ───────

VOCES AMADAS

Aquella tarde que llamaste a María Mercedes
descubrí en tu voz la voz de tu padre,
a quien nunca conocí.

Hubo un instante
que hablaste con una voz que no era tuya.

Una voz
      eco de otra voz
que tu hermana mayor, Gladys
      recordaría
o tu madre (si viviera)
habría reconocido de inmediato.

III

Loved Voices

———— ♥ ————

LOVED VOICES

That afternoon when you rang María Mercedes
in your voice I heard your father's voice,
whom I never knew.

For a moment
you spoke with a voice that was not your own.

A voice
      echoing another voice
that your elder sister, Gladys
      would remember
or your mother (if she were alive)
would have recognised at once.

AGUACERO

Desde una ventana hermética de oficina
contemplo el aguacero.
Sobre el cinc herrumbroso
ruedan flores amarillas
de alguna acacia que se sacude al viento.

Como pez en pecera
diviso con envidia a la chavala que fui
empapada y feliz, saltando
lodazales y desoyendo llamados
para que después
       la alcahueta tía-abuela
a escondidas del abuelo
me secara la cabellera
me cambiara la ropa,
me limpiara de lodo los zapatos.
Y arrebujada en colchas
tibias como el cariño,
       me dormía.

¡Un viejo aguacero que logra mojarme
       sólo por dentro,
está golpeando el cinc
y ya colma canales y bajantes
y el lecho de la memoria!

DOWNPOUR

From inside the sealed office window
I look out at the pouring rain.
Onto the rusty zinc
tumble the yellow flowers
of some acacia rocking in the wind.

Like a fish in a bowl
I peer enviously at the girl I was
soaked and happy, jumping
puddles, ignoring summons
so that later
        my colluding great-aunt
in secret from grandfather
dried my hair
changed my clothes,
wiped the mud off my shoes.
Bundled in blankets
warm as her loving care,
              I fell asleep.

An ancient torrent which manages to drench me
              only in my mind,
is pounding the zinc
and now it is flooding gutters and drainpipes
and the riverbed of memory!

OTRO TIEMPO

Regresamos al lugar donde fuimos felices
acompañados de nuevos amigos;
sentados uno frente al otro
tu mano ya no busca mi mano bajo la mesa.

A la sombra
están vacías las mesas que antes ocupábamos.
El mediodía blanquea los icacos
en las más altas ramas,
las guayabas verdean entre las hojas verdes.

Hay cordialidad entre nosotros,
parecemos dos viejos amigos.
Con ternura, preñada de tristeza
miro las mesas y las sillas,
muertas y solas.

ANOTHER TIME

We return to the place where we were happy
together with new friends.
We sit facing one another
and your hand no longer reaches for mine under the table.

In the shade
the tables we used to sit at are empty.
The midday sun whitens the cocoa plums
on the highest branches,
guavas glisten green among the leaves.

There is warmth between us,
we are like two old friends.
With tenderness, laced with sadness
I look at the tables and chairs,
standing inert and lonely.

VUELVO A SER YO MISMA

Cuando entro con mis hijos a su casa
vuelvo a ser yo misma.
Desde su mecedora ella
nos siente llegar y alza la cabeza.
La conversación no es como antes;
ella está a punto de irse.
Pero llego a esconder mi cabeza
en su regazo, a sentarme a sus pies,
y ella me contempla
desde mi paraíso perdido
donde mi rostro era otro, que sólo ella conoce.
Rostro por instantes recuperado
cada vez más débilmente
en su iris celeste desvaído
y en sus pupilas que lo guardan ciegamente.

I BECOME MYSELF AGAIN

When I go into her house with my children
I become myself again.
From her rocking chair she
feels us arriving and raises her head.
Conversation is not like it used to be;
she is about to depart.
But I come and sit at her feet,
hiding my head in her lap,
and she contemplates me
from my paradise lost
when my face was different, the one she alone knows.
Face sometimes recovered
ever more faintly
in her fading blue iris
and her pupils which blindly guard it.

¡SALUD, VIEJO!

Supongo que tu infierno habrá sido peor
que el que me hiciste padecer.
Así me dejaste
a que me defienda como pueda,
ya nunca podré ser la que debiera haber sido.
Pero ahora estás muerto
y ya tengo edad para perdonarte.

La verdad es que dispusiste de tu vida
como te dio la gana.
Tendrías sesenta años bien cumplidos,
pero preferiste bebértelos de un sorbo.
      ¡Salud, viejo!

CHEERS, OLD MAN!

I suppose your hell will have been worse
than the one you made me suffer.
You left me like that
to defend myself as best I could,
and I can never be what I should have been.
But now you are dead
and I am old enough to forgive you.

The truth is you spent your life
as you felt like it.
You would be a good sixty by now,
but you preferred to knock it back in one gulp.
     Cheers, old man!

DIVISAR LA MUERTE

Cuando finalmente mi tía-abuela
en penosa ascensión al Mirador de Catarina
logró contemplar la laguna de Apoyo —
inmenso y límpido iris bajo el domo del cielo —
sus ojos estaban llorosos detrás de los gruesos lentes.

Se quedó silenciosa un momento y después preguntó:
¿La muerte será como este cielo azul, combo, infinito?

DISCERNING DEATH

When at last my great-aunt
painfully climbed to the top of the Mirador de Catarina
she gazed down on the Apoyo lagoon —
immense clear blue iris under the dome of the sky —
her eyes became weepy behind her thick lenses.

She remained silent for a while and then asked:
Will death be like this sky, infinite, curving, blue?

MUERTE EXTRANJERA

A Francisco Zamora Gámez
y Rogelio Ramírez Mercado

¿Qué paisajes de luz, qué aguas, qué verdores,
que cometa suelto volando a contrasol
en el ámbito azul de una mañana?

¿Qué furioso aguacero, qué remoto verano
deslumbrante de olas y salitre,
qué alamedas sombrías, qué íntimo frescor
de algún jardín, qué atardeceres?

¿Cuál luna entre tantas lunas,
cuál noche del amor definitivo
bajo el esplendor de las estrellas?

¿Qué voces, qué rumor de risas y de pasos,
qué rostros, ya lejanos, qué calles familiares,
qué amanecer dichoso en la penumbra de un cuarto,
qué libros, qué canciones?

¿Qué nostalgia final,
qué última visión animó sus pupilas
cuando la muerte le bajó los párpados
en esa tierra extraña?

DEATH ABROAD

*To Francisco Zamora Gámez
and Rogelio Ramírez Mercado*

What lit landscapes, what waters, what lush greens,
what comet hurtling against the sun
in the blue morning air?

What rainstorm, what remote summer
dazzling with waves and saltpetre,
what shady poplars, what fresh enclosed garden,
what evenings?

What moon among so many moons,
what night of definitive love
under the splendour of starlight?

What voices, what sounds of laughter and footsteps,
what far-off faces, what familiar streets,
what blissful daybreak in a dim room,
what books, what songs?

What final homesickness,
what last vision lit up your gaze
when death lowered your eyelids
in that foreign land?

IV

Voces revolucionarias

---- * ----

Y MALDIJE LA LUNA

Septiembre 1978

Hubo una especie de tregua: no se oían disparos.
Empezamos de nuevo a gritar nuestros números
y nos fuimos reuniendo en un terreno
        pequeño y quebrado.
Creímos ser los únicos sobrevivientes
y deliberamos qué íbamos a hacer:
        único posible
era buscar cómo unirnos
        a las escuadras de San Judas.
Intentamos irnos por unos montes atrás;
el camino era muy inclinado y dificultoso.
Nos acercamos a unas viviendas
pero unos perros
nos olfateaban como a un kilómetro de distancia
y cada vez que queríamos movernos
        se ponían como locos.
Tuvimos que quedarnos quietos toda la noche.
Había una luna bellísima, y por primera vez
        maldije la luna.

IV

Revolutionary Voices

——————— * ———————

AND I CURSED THE MOON

September 1978

There was a sort of truce: no shots were heard.
We began shouting out our numbers again
and we were regrouping
        on a small rough field.
We believed we were the only survivors
and discussed what we were going to do:
        the only thing possible
was to attempt to rejoin
        the San Judas squads.
We tried to make our way through some scrub behind us;
the road was very steep and difficult.
We came to houses
but some dogs sniffed us out
from about a kilometre away
and every time we tried to move
        they barked like mad.
We had to keep still all night.
There was a most beautiful moon, and for the first time
        I cursed the moon.

RADIO SANDINO

Esta es Radio Sandino
      Voz de la Liberación de Nicaragua
Voz Oficial del Frente Sandinista
      que transmite en la Onda Corta
          Banda Internacional
              de los 41 metros
desde algún lugar de Nicaragua
hasta las 11 de la noche de toda Nicaragua.

Mi tía-abuela debe de estar pegada al aparato.
Mi mamá y mis hermanos en Honduras,
pegados a nuestra voz,
          a nuestras voces
a esta voz entrando a escondidas
      cada noche
           esparciéndose hasta la madrugada.
Subiendo quizá hasta algún edificio de México,
acercándose a los exiliados:
          la luz amarilla del dial
rebotando en rostros expectantes y penumbrosos;
otra voz entre las voces del grupo familiar
atentos a la voz, a esta esperanza
que se cuela por las rendijas de las ventanas,
          de las puertas,
que atraviesa calles, puentes, cauces.

Esta voz que desata aguaceros hasta las últimas notas,
hasta las últimas voces,
hasta que se apaga y sólo queda la humedad
y el *tic tic* de las gotas después de la lluvia
          al amanecer.

RADIO SANDINO

This is Radio Sandino
 Voice of Nicaragua's Liberation
Official Voice of the Sandinista Front
 broadcasting on Short Wave
 International Band
 41 metres
from somewhere in Nicaragua
until eleven o'clock at night throughout Nicaragua.

My great-aunt must be glued to her wireless.
My mother and brothers and sisters in Honduras,
clinging to our voice,
 our voices
this voice entering secretly
 each night
 carrying on until daybreak.
Rising perhaps to some building in Mexico,
reaching the exiles:
 the dial's yellow light
reflecting onto shadowy expectant faces;
another voice among the voices of the family group
who hang on to this voice, this hope
filtering through cracks in the windows
 and doors,
crossing streets, bridges, waterways.

This voice flooding in until the last words,
the last tones,
until it stops and all that remains is the damp
and the *tic tic* of raindrops dripping
 after the dawn rain.

EL VENDE PERIÓDICOS

Cero poliomielitis
134,000 manzanas entregadas a los campesinos
15,600 terrenos y viviendas para los pobres
52,000 familias recibieron agua potable
13,000 más adquieren energía
Devolverán a Miskitos y Sumos tierra
usurpada en el pasado.

Ya noche
      bajo los semáforos
            su cara amarilla
roja, verde
      y otra vez amarilla:

Miles se integran a los cortes de café
Mil somocistas atacan desde Honduras
Sangre de 75 niños derramada en la montaña
Al lado de los combates
continuaron los cortes de café.

Con su paquete plástico que envuelve
los últimos periódicos del día
        y su camisa
como una vela ondeando
           sobre lo flaquito de su cuerpo:

Que cesen las agresiones desde territorio hondureño
18 hermanos del EPS han caído en la zona norte
Nacionalizada la distribución del jabón, aceite y harina.

THE PAPER SELLER

Zero polio
235, 000 acres handed over to peasants
15,600 plots of land and houses for the poor
52,000 families get drinking water
13,000 more get electricity
Miskitos and Sumos given back land
robbed from them in the past.

Night now
       under the traffic lights
              his face, yellow
red, green
       becomes yellow again:

Thousands join in coffee cutting
A thousand Somocistas attack from Honduras
Blood of 75 children shed in the mountain
Side by side with the fighting
the coffee harvest goes on.

With his plastic wrapping
protecting the day's last papers
       and his shirt
like a sail
       flapping round his thin body:

Stop the aggression from Honduran territory
18 Sandinista soldiers killed in Northern Zone
Soap oil and flour distribution nationalised.

Inquilinos tendrán casa propia:
A inscribirse en los batallones de algodón
Cortes de café, un triunfo del pueblo.

Ángel pobre
anunciador de la Historia
 con ojos brillantes del desvelo:

A secarse las lágrimas para afinar la puntería
 se hará justicia
  y será definitiva.

Tenants to get their own houses:
Join the cotton brigades
Coffee harvest a triumph for the people.

Ragged angel of History
announcing it
      with brilliant sleepless eyes:

Wipe your eyes so you aim straight:
    Justice we want
        justice we'll get.

REPORTAJE DE LA PROTESTA FRENTE A LA EMBAJADA DE ESTADOS UNIDOS POR LAS MANIOBRAS PINO GRANDE

¿Qué dijo Leonel Rugama?
    ¡Que se rinda tu madre!
¿Y por qué?
    Porque la soberanía de un pueblo
        no se discute
    se defiende con las armas en la mano.

Frente a la estatua de Montoya,
viniendo de todas las calles de Managua,
el sol de la tarde nos pega en las caras,
mientras avanzamos
        avanzamos
            ¡Pueblo Únete!
                    hacia la embajada.

Por la carretera, bordeada de chilamates,
adelante miles y miles de compañeros,
atrás, miles y miles más;
y al vaivén de las cabezas,
cienes de pancartas, como olas.

Esta es mi tierra
    esta es mi agua
ningún Yanqui hijueputa
    pisará a Nicaragua.

REPORT OF THE PROTEST OUTSIDE THE UNITED STATES EMBASSY AGAINST THE BIG PINE MANOEUVRES

What did Leonel Rugama say?
    Surrender? Tell that to your mother!
And why?
    Because a people's sovereignty
       is not discussed
    but defended with weapons in hand.

By the Montoya statue
coming from all the streets of Managua,
the afternoon sun hits us in the face
while we advance
    advance
       People unite!
          towards the Embassy.

Along the road bordered by laurel-leafed fig trees,
with thousands and thousands of comrades ahead,
thousands and thousands more behind;
and among the bobbing heads,
hundreds of placards, like waves.

This is my land
    This is my water
No fucking Yank
    shall tread on Nicaragua!

Frente a la embajada queman al Tío Sam.
El embajador Quainton ordena cerrar
        las altísimas verjas.

Primero hablaron las madres de los mártires.
Entre la humazón, sus gritos y lamentos.
Dorados por el polvasal, todos gritamos.
Frente a las verjas herméticas
        gritamos
                gritamos cansados y sedientos.

Gritamos
        hasta dispersarnos al anochecer.

In front of the Embassy they burn Uncle Sam.
Quainton the ambassador orders
        the great gates to be locked.

The first to speak were the martyrs' mothers.
Their cries and laments rise from the steamy crowd.
Golden with dust, we all shout.
Against the sealed shutters
      we shout
            tired and thirsty we shout.

And shout
      until nightfall when we go home.

EL VENDEDOR DE COCOS

De la fila de acacias junto al adoquinado
el hombre siempre escoge la misma sombra.

Cada día es el rito vaciar el carretón,
separar los cocos, y al filo de machete
ir pelando cada coco hasta dejar
la blanca esfera de carne descubierta.
La mujer los ofrece
       de dos en dos o tres en cada brazo,
sorteando buses,
saltando entre motocicletas y taxis;
pendiente del semáforo
para pegar carrera a recoger más cocos.

Desde lejos, la blancura de los cocos brilla
como los cráneos de los setenta y cinco niños miskitos
muertos por la guardia somocista en Ayapal:

Wan luhpia al kra nani ba ti kaja sa:
¡Muerte a los asesinos de nuestros hijos!
gritaban sus madres.

Los hijos del vendedor de cocos
desayunan un coco en la mañana
y almuerzan un coco a medio día
bajo la acacia circundada de cáscaras.

THE COCONUT SELLER

From the line of acacias beside the pavement
the man always chooses the same patch of shade.

The daily ritual is to empty the cart,
split the coconuts,
and keep peeling with his machete blade
until the white sphere of flesh is exposed.
His wife offers them
        two by two or three along each arm
dodging buses,
leaping between motor bikes and taxis;
depending on the traffic light
to dash back for more coconuts.

From far away the whiteness of the coconuts shines
like the skulls of the seventy-five Miskito children
murdered by the Somocista guard in Ayapal:

Wan luhpia al kra nani ba ti kaia sa:
Death to the murderers of our children!
their mothers cried.

The coconut seller's children
breakfast on a coconut in the morning
lunch on a coconut at midday under the acacia
on the ground littered with shells.

Tawan asla taks, tawan asla taks:
¡Pueblo únete, pueblo únete!
gritaban las madres.

Baila wala wina, balaya apia
Baila wala wina, balaya apia
Baila wala wina, balaya apia:
¡Del otro lado, no pasarán!

Tawan asla taks, Tawan asla taks:
People unite, people unite!
cried the mothers.

Baila wala wina, balaya apia
Baila wala wina, balaya apia
Baila wala wina, balaya apia:
From the other side they shall not pass!

FAMILIARES DE VÍCTIMAS DE LA CIA PROTESTAN ANTE EMBAJADA DE ESTADOS UNIDOS

Desde El Coco en Las Segovias nos dejamos venir:
aquí estamos todas junto con nuestros hijos.
Ya hemos llorado demasiadas lágrimas.

Yo, Jesusa Suárez, espero un hijo,
hemos quedado solas mi otra hija y yo.
Vengo a enseñarles la gorra de mi marido,
traigo sus botas puestas;
estos son los casquillos de las balas que lo mataron.

Fue un horror lo que nos hicieron.
Yo, Nicolasa Martínez, miré a mi familia entera asesinada.
Quiero denunciar esto ante el embajador,
ante su pueblo y todos los demás pueblos.

Yo, Juana González, agacho la cabeza
                agobiada de dolor.
No puedo decir más, pero aquí me quedo plantada
hasta que abran este portón y nos reciban.

En lo que ahora es el trigal de la cooperativa
había sólo montaña llena de piedras y árboles.
A golpe de pala y arado la limpiamos.
En esos primeros días dormíamos unos sobre otros,
comíamos frijoles y tortilla sin sal.

FAMILIES OF CIA VICTIMS PROTEST OUTSIDE THE UNITED STATES EMBASSY

We have travelled from El Coco in Las Segovias:
here we are together with our children.
Now we have cried too many tears.

I, Jesusa Suárez, am expecting a baby,
my other daughter and I have been left on our own.
I am coming to show them my husband's cap,
I am wearing his boots;
here are the cartridges of the bullets that killed him.

It was horrible what they did to us.
I, Nicolasa Martínez, saw my whole family murdered.
I want to denounce this to the Ambassador,
to his people and all the peoples of the world.

I, Juana González hang down my head
                heavy with sorrow.
I can't say any more, but I remain standing here
until they open the gate and let us in.

Where there was once only mountain scrub and stones
there is now the co-operative cornfield.
We cleared it with spadework and plough.
In those early days we slept huddled together,
we ate beans and tortilla without salt.

25 familias llegamos de Cusmapa,
otros de El Carrizo
y otros de cerca de Quilalí.
En febrero de 1982 nos hicieron la entrega de títulos
en San Albino. Por todo teníamos 1,200 manzanas.
En noviembre nos llegaron seis tractores,
este año ya habíamos construido las casitas,
entramos a las milicias, se organizó un CDI
y todas trabajamos en la vacunación.

...este esfuerzo de tres años fue puesto a prueba y funcionó el pasado domingo 18 de diciembre. Los campesinos fueron capaces de organizar su propia defensa (montar dos emboscadas de contención al enemigo, preparar con tiempo la defensa circular y evacuar bajo miles de disparos asesinos a 114 niños, mujeres y ancianos que vivían en la cooperativa). La superioridad numérica (10 contras por cada miliciano) y su mayor capacidad bélica (lanzacohetes, morteros y armas) finalmente se impuso sobre un colectivo que debió sacrificar una gran parte de su fuerza para salvar la vida de los infantes, mujeres y ancianos.

No nos vamos de aquí hasta que nos abran
o que el embajador reciba la carta de reclamo
    que traemos.
Que mire las ropas ensangrentadas de los muertos.

Sólo una escuadra (12) se quedó al final; entre ellos, los hermanos Pablo y Joaquín, las compañeras María Cristina y Santos de 14 y 15 años, dirigentes de AMNLAE y otros valientes.

25 families have come from Cusmapa,
others from El Carrizo
and others from near Quilalí.
In February 1982 they delivered us our land titles
in San Albino. In all we have 2,100 acres.
In November six tractors arrived for us,
this year we had already built our cottages,
we served in the militia, organised a civil defence group
and we all worked in the vaccination campaign.

... this three-year struggle was put to the test and it worked last Sunday 18th December. The peasants were able to organise their own defence (they laid two ambushes to fight off the enemy, in time they prepared an all-round defence and under heavy murderous fire they evacuated 114 children, women and old people living in the co-operative). The enemy's larger numbers (10 contras for each militia member) and their superior military equipment (rocket launchers, mortars and guns) finally prevailed over a collective, which had to sacrifice a great deal of its strength to save the lives of its children, women and old people.

We are not leaving here until they open up for us
or until the Ambassador receives the protest letter
        we have brought.
Let him see the bloodstained clothes of the dead.

Only one squad (12) remained till the end; among them were the brothers Pablo and Joaquín, comrades María Cristina and Santos, aged 14 and 15, who were AMNLAE leaders and other brave souls.

Los vestidos negros, más nistes
        bajo el solazo,
los chavalos llorosos y descalzos.

'No pueden entrar,' dijo un funcionario
        que se acercó a las rejas.
'No está el embajador,
            no pueden entrar.'

Our clothes are black, and scorching
       under this sun,
our barefooted children are grizzling.

'You cannot come in,' says an official
       coming up to the railings.
'The Ambassador is not at home.
              You can't come in.'

NOTES

My Cousin Mercedes (page 4):
The speaker is Sandino.

Blanca Aráuz (page 6):
Blanca Aráuz was Sandino's wife. She was the telegraph operator in the small town of San Rafael.

And I Cursed the Moon (page 48):
On August 22nd 1978 an FSLN squad attacked the National Palace and held the deputies to ransom for forty eight hours, obtaining the release of 58 political prisoners. Daisy Zamora hid half the squad in her house (see her poem 'Comandante Dos' in *Poets of the Nicaraguan Revolution* (Katabasis 1993). After the Assault on the Palace, she had to go underground and joined the FSLN guerrillas.

Radio Sandino (page 50):
Daisy ran the clandestine Radio Sandino, which broadcast the call for a general insurrection in June 1979. Only the introductory section of this long poem is translated here. Its remaining ten pages read as a transcript from a Radio Sandino broadcast, reporting on the fighting. The whole poem appears in *En limpio se escribe la vida* (Editorial Nueva Nicaragua, Managua, 1988).

The Paper Seller (page 52):
1 *manzana* of land is calculated at approximately 1.75 acres.

Report of the Protest outside the United States Embassy against the Big Pine Manoeuvres (page 56):
In the Big Pine Manoeuvres of 1983, 5,000 US and Honduran troops massed on the Honduran border with Nicaragua and conducted a series of threatening exercises, inspiring fear they might invade at any moment.

Families of CIA Victims Protest outside the United States Embassy:
AMNLAE (page 66): Luisa Amanda Espinosa Nicaraguan Women's Association, the Sandinista Women's Association named after the FSLN's first woman militant martyr, a laundress who acted as a courier between the safe houses, shot down in León on 4th April 1970.